I0869188

Dinosaurios por diseño

LOS DINOSAURIOS DE CUELLO LARGO

CLASIFICACIÓN POR VELOCIDAD, FUERZA E INTELIGENCIA

MARK WEAKLAND

BLACK RABBIT BOOKS

Bolt es una publicación de Black Rabbit Books
P.O. Box 227, Mankato, Minnesota, 56002.
www.blackrabbitbooks.com

Jennifer Basel, editora;
Catherine Cates, diseñador del interior;
Grant Gould, diseñador del exterior;
Omay Ayres, investigación fotográfica
Traducción de Travod, www.travod.com

Información del Catálogo de publicaciones de la Biblioteca del Congreso
Names: Weakland, Mark, author.
Title: Los dinosaurios de cuello largo : clasificación por velocidad, fuerza e inteligencia / por Mark Weakland.
Other titles: Long-necked dinosaurs. Spanish
Description: Mankato, Minnesota : Black Rabbit Books, [2020] | Series: Bolt. Dinosaurios por diseño | Audience: Age 8-12. | Audience: Grade 4 to 6. | Includes bibliographical references and index.
Identifiers: LCCN 2018053576 (print) | LCCN 2018056529 (ebook) | ISBN 9781623102227 (ebook) | ISBN 9781623102081 (library binding)
Subjects: LCSH: Dinosaurs--Juvenile literature.
Classification: LCC QE861.5 (ebook) | LCC QE861.5 .W354318 2020 (print) | DDC 567.913--dc23
LC record available at https://lccn.loc.gov/2018053576

Impreso en los Estados Unidos de América

Créditos de las imágenes

Alamy: Science Photo Library, 12–13; Stocktrek Images, Inc., 16; iStock: Elenarts, 3 Science Source: Kurt Miller/ Stocktrek Images, Cover; Nobumichi Tamura/ Stocktrek Images, 7 (d), 29 (i); Rodolfo Nogueira/ Stocktrek Images, 18–19; Shutterstock: 90miles, 17, 21; Arcady, 28 (escamas); Bodor Tivadar, 7 (m); Catmando, 1, 11 (Allosaurio), 22, 31; Dotted Yeti, 23 (p), 24 (pajaros); Elenarts, 15 (fondo); Gluiki, 8–9; GzP_Design, 7 (i); Herschel Hoffmeyer, 4–5, 6 (dino y fondo), 11 (fondo), 22 (fondo), 23 (c y fondo), 24 (fondo), 24–25 (dino), 27; Linda Bucklin, 29 (p); Michael Rosskothen, 10–11 (Apatosaurio), 20–21, 29 (m); Noiel, 32; Warpaint, 15 (primer plano)

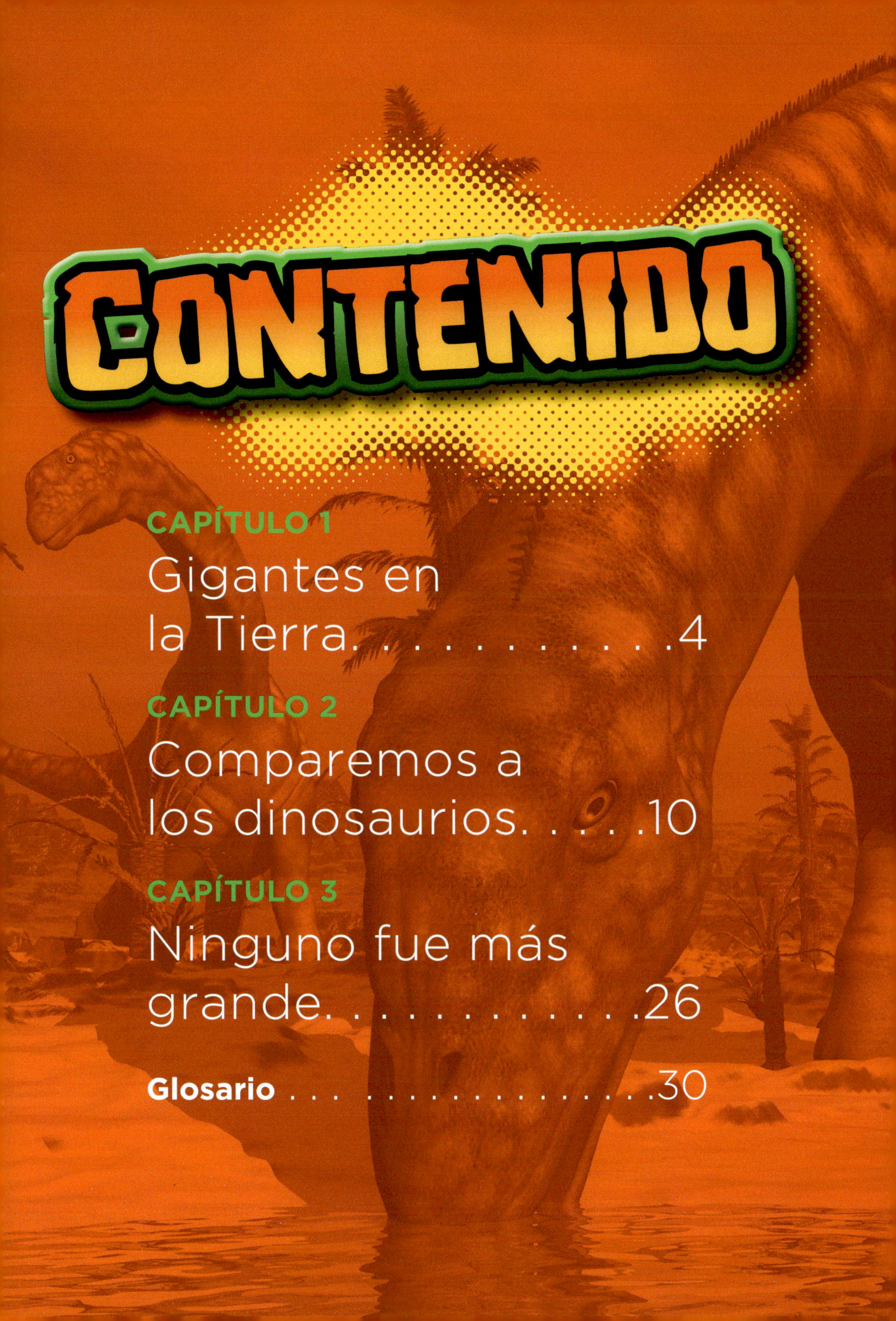

CONTENIDO

CAPÍTULO 1

GIGANTES en la Tierra

La tierra tiembla. Un pequeño dinosaurio mira hacia arriba. Eso no fue un terremoto. Es un enorme cuello largo parado en la colina.

Los dinosaurios de cuello largo fueron los animales más grandes que caminaron en la Tierra. Ningún animal terrestre que vive hoy en día se acerca al tamaño de estos gigantes.

COMPARACIÓN DE LONGITUDES

Herbívoros gigantes

Los dinosaurios de cuello largo comían plantas. Usaban sus cuellos para alcanzar las ramas y hojas altas. Sus patas como **pilares** soportaban su peso. Las colas largas les ayudaban a mantener el equilibrio.

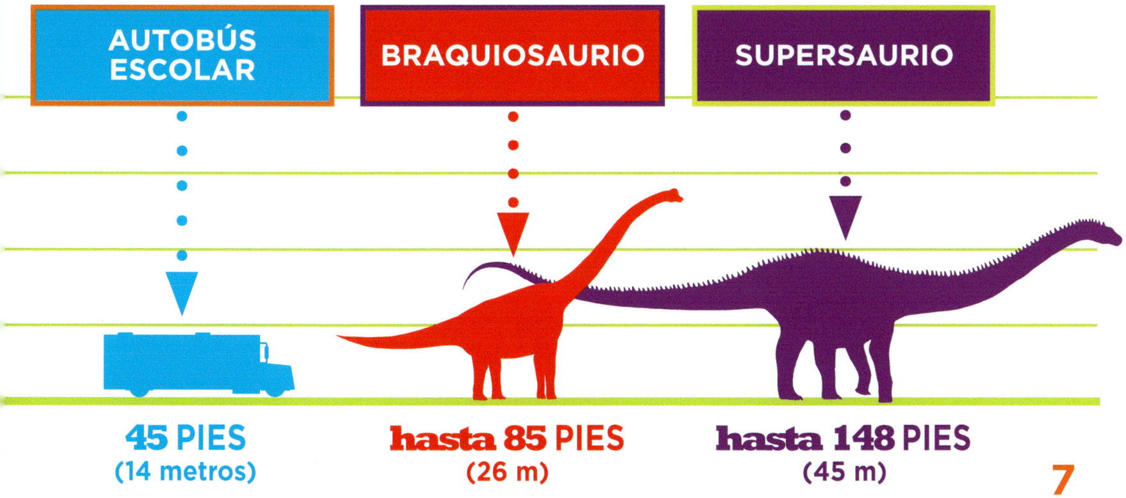

LUGARES DONDE SE HAN ENCONTRADO ALGUNOS FÓSILES DE DINOSAURIOS DE CUELLO LARGO

TANZANIA
Giraffatitan
URUGUAY
Saltasaurio

Comparemos a los DINOSAURIOS

Apatosaurio

Este gigante caminó por las planicies **boscosas** de lo que hoy es Norteamérica. Cada paso debe haber sacudido el suelo.

La cola larga de este dinosaurio terminaba en una punta delgada. Algunos científicos piensan que el apatosaurio pudo haber usado su cola como un **látigo**. Un sonido desgarrador asustaría a los **depredadores**.

DATOS DESTACADOS

LARGO TOTAL 66 a 75 PIES (20 a 23 M)

PESO hasta 90.000 LIBRAS (40.823 KILOGRAMOS)

LARGO DEL CUELLO alrededor de 16 PIES (5 M)

Hace años, los científicos dieron nombre al Apatosaurio y al Brontosaurio. Más tarde decidieron que eran el mismo animal. Hoy en día, Apatosaurio es el nombre oficial. Pero los científicos todavía están estudiando los fósiles. Nuevas investigaciones podrían probar que realmente son animales distintos.

Braquiosaurio

El Braquiosaurio era casi tan largo como un camión con semirremolque. Y pesaba más que cuatro elefantes. Como todos los cuellos largos, este dinosaurio era fuerte. Para pelear, podría haber golpeado al atacante con su larga cola.

DATOS DESTACADOS

PESO
alrededor de
56.000
libras
(25.401 kg)

LONGITUD TOTAL
80 a 85 pies
(24 a 26 m)

LONGITUD DEL CUELLO
alrededor de
20 pies
(6 m)

Diplodoco

Uno de los primeros esqueletos mostrados al público fue de Diplodoco. Como todos los cuellos largos, este dinosaurio probablemente fue lento. Los científicos creen que su velocidad máxima fue de aproximadamente 12 millas (19 kilómetros) por hora.

DATOS DESTACADOS

LARGO TOTAL 80 a 108 PIES (24 a 33 M)

PESO 20.000 a 56.000 LIBRAS (9.072 a 25.401 KG)

LARGO DEL CUELLO alrededor de 26 PIES (8 M)

Los dinosaurios de cuello largo no tenían buenos dientes para masticar. Los científicos creen que los animales se tragaban grandes rocas. En el estómago, las rocas desgarraban el alimento vegetal para ayudarlos a **digerir**.

Supersaurio

El Supersaurio era enorme. Era tan grande que algunos científicos se preguntan si tenía algún depredador. Es posible que los carnívoros no hayan podido acabar con este gran dinosaurio.

DATOS DESTACADOS

PESO
hasta 110.000 libras (49.895 kg)

LONGITUD TOTAL
108 a 148 pies (33 a 45 m)

LONGITUD DEL CUELLO
alrededor de 50 pies (15 m)

Giraffatitan

El Giraffatitan tenía un cuello muy largo en comparación con su tamaño total. Los científicos no pueden ponerse de acuerdo sobre cómo sostenían sus cuellos, o cómo lo hacían otros cuellos largos. ¿Los estiraban muy alto? ¿O mantenían el cuello recto? Sostenida, la cabeza del Giraffatitan habría estado a 40 pies (12 m) sobre el suelo.

DATOS DESTACADOS

PESO	LONGITUD TOTAL	LONGITUD DEL CUELLO
hasta 80.000 libras (36.287 kg)	75 a 85 pies (23 a 26 m)	alrededor de 20 pies (6 m)

Argentinosaurio

El Argentinosaurio pertenece a un grupo especial de cuellos largos llamados Titanosaurios. Los Titanosaurios tenían placas óseas en partes del cuerpo. Las placas actuaban como **armadura**.

DATOS DESTACADOS

PESO
220.000 libras (99.790 kg)

LONGITUD TOTAL
72 a 131 pies (22 a 40 m)

LONGITUD DEL CUELLO
alrededor de 36 pies (11 m)

TRES TIPOS DE DINOSAURIOS DE CUELLO LARGO

Los dinosaurios de cuello largo se pueden ubicar en tres grupos. Cada grupo tiene características diferentes.

Diplodócidos

colas muy largas
patas traseras más largas que las patas delanteras

Titanosaurios

blindados con escamas o placas óseas

Braquiosáuridos

cuellos extremadamente largos patas delanteras más largas que las patas traseras

Saltasaurio

El Saltasaurio fue otro Titanosaurio. Sus fósiles dieron a los científicos la primera prueba de Titanosaurios que tenían placas. El Saltasaurio tenía bultos óseos en la espalda. Probablemente parecieran conos puntiagudos.

DATOS DESTACADOS

PESO
hasta **16.000** libras (7.257 kg)

LONGITUD TOTAL
39 a 42 pies (12 a 13 m)

LONGITUD DEL CUELLO
alrededor de **8 pies** (2 m)

CAPÍTULO 3

Ninguno fue MÁS GRANDE

Ningún animal terrestre fue nunca más grande que los dinosaurios de cuello largo. Estos herbívoros caminaban lentamente y no eran muy inteligentes. Azotar sus largas colas ayudó a alejar a los depredadores. Pero fue su enorme tamaño lo que les dio la mayor protección.

¡COMPÁRALOS!

Clasifica los dinosaurios de este libro. Luego ve a buscar información sobre otros dinosaurios de cuello largo. ¿Cómo se comparan?

LONGITUD TOTAL

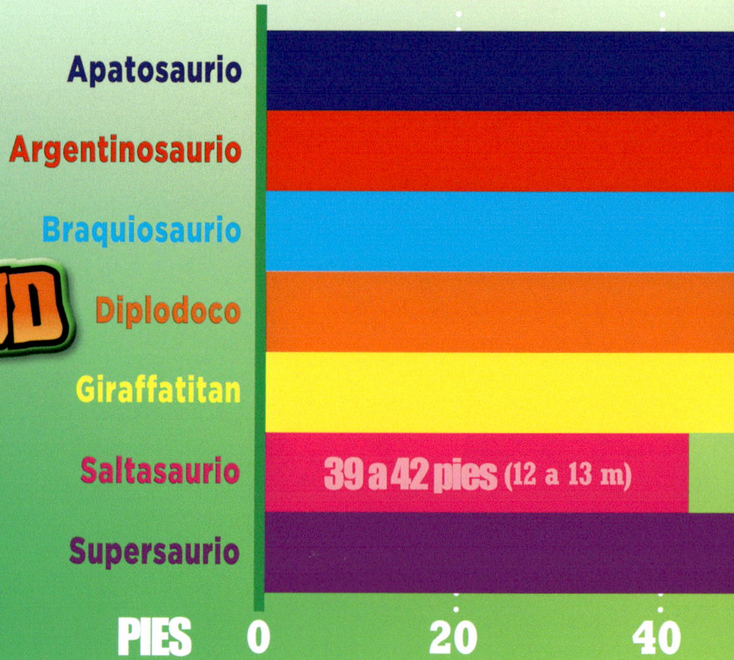

PESO

Apatosaurio	Supersaurio	Argentinosaurio
hasta 90.000 libras (40.823 kg)	hasta 110.000 libras (49.895 kg)	hasta 220.000 libras (99.790 kg)

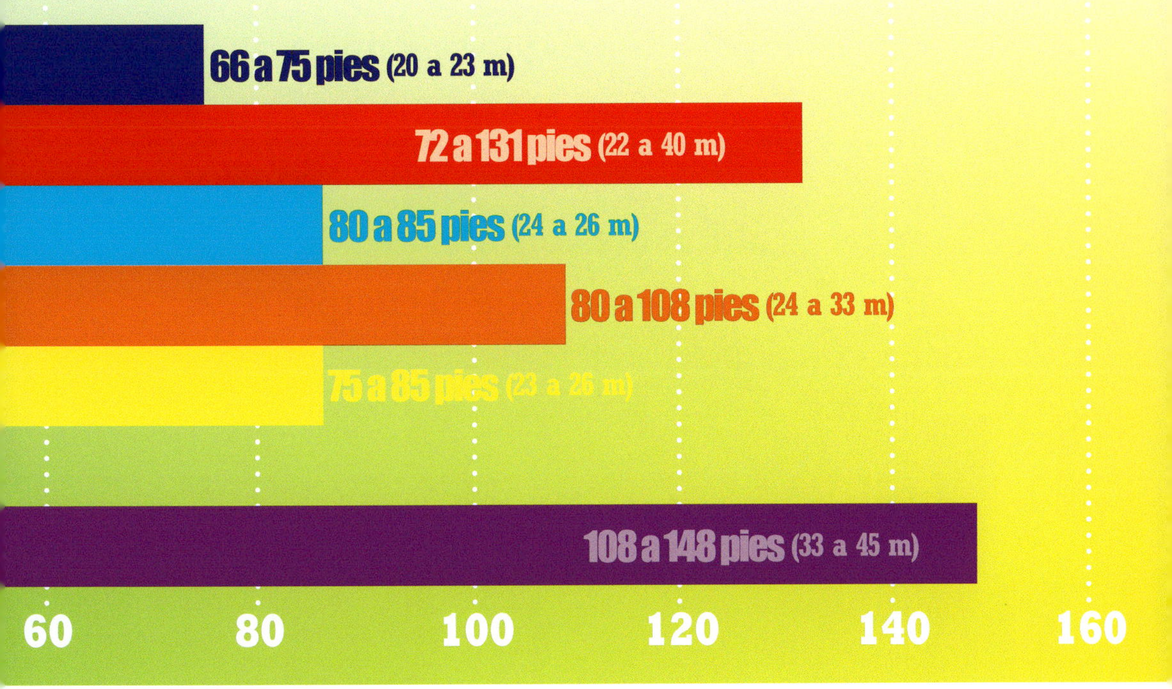

LONGITUD DEL CUELLO

Supersaurio
alrededor de 50 pies
(15 m)

Argentinosaurio
alrededor de 36 pies
(11 m)

Diplodoco
alrededor de 26 pies
(8 m)

blindaje: capa exterior protectora

depredador: animal que se come a otros animales

digerir: cambiar la comida que se come a una forma en que el cuerpo pueda usarla

fósil: los restos o rastros de plantas y animales que se conservan en forma de roca

látigo: instrumento que consiste generalmente en un mango y una pestaña que forma una varilla flexible que se usa para latiguear

llanura: porción de tierra casi sin árboles

pilar: soporte vertical para una estructura grande

ÍNDICE